Una postal color sepia

ÆREA | *carménère*

Cristóbal Domínguez Durán

Una postal color sepia

ÆREA | *carménère*

Serie dirigida por
Eleonora Finkelstein y Daniel Calabrese

UNA POSTAL COLOR SEPIA
Primera edición: noviembre de 2024

© Critóbal Domínguez Durán, 2024

© Ærea, 2024

Un sello de RIL® editores
SEDE SANTIAGO DE CHILE: Los Leones 2258 • CP 7511055 Providencia
☏ (56) 22 22 38 100 • ril@rileditores.com • www.rileditores.com

SEDE VALPARAÍSO: Cochrane 639, of. 92 • CP 2361801 Valparaíso
☏ (56) 32 274 6203 • valparaiso@rileditores.com

SEDE ESPAÑA: europa@rileditores.com

Composición e impresión: RIL® editores
Diseño de colección: Marcelo Uribe Lamour
Imagen de portada: A. Verdugo

Impreso en España • *Printed in Spain*

ISBN: 978-84-10248-32-8
Depósito Legal: B 20917-2024

Una postal color sepia

Y justo ahora tomo conciencia de la tiranía de la imagen.
WILLIAM CARLOS WILLIAMS

Topografía con los ojos cerrados recorrida.
OLVIDO GARCÍA VALDÉS

La historia, niña Antígona, te esperaba a ti, a ti.
Por eso estás aquí tan sola, por la historia.
MARÍA ZAMBRANO

LA BELLEZA PUEDE SER UN SIGNIFICADO
inagotable. Puede ser
Pero
la realidad necesita metáforas
donde los ojos no terminen
cocidos
        como huevos duros

Por eso
también es la belleza
el nacimiento de un sentido
que habitar

¿Qué vía, entonces
para esta historia?
La que limpia de palabras
lo sabido

Imagen

QUÉ COSA HAY MÁS CRUEL
que la lógica. Quién sabe
lo que se hereda o se adquiere.

El recuerdo es pasado y no lo es
porque huele a sueño. La memoria
más nuestra busca despegarse
del lenguaje.

Hace un momento he encontrado
una fotografía, escrita
por el envés como una postal,
y he visto en su imagen
una historia.

La criaturita vivía en una casa de campo.
En aquel lugar las imágenes
mostraban siempre los ojos manchados.
La pobreza es una tachadura
en la mirada.

Alguien a quien me parezco servía alcoholes
con las manos de padre.

Otro a quien me parezco saludó a la muerte
con las manos de madre.

En junio,
el deseo abría los balcones
y las viudas, vestidas de negro

como los escarabajos,
zurcían de voluntad las ropas
de los hijos.

Como madre y padre tienen
los ojos manchados,
a los míos les ocurrió lo mismo.

Y es cierto que, a veces,
uno olvida el luto y el color
de los ojos, pero una enorme lógica
arrastra el corazón hacia el sepia
de las cosas que se heredan.

Detrás de la casa está el camino
que lleva al bosque de coníferas.
No muy lejos, aquellos acantilados
que dan a África. Traías de vuelta
las chinitas de grava clavadas
como escamas en las piernas.
Pies sucios. El sol os encendía el cuello
y os degradaba la voz.
La historia que contabais entonces
se perdía como motas de polvo
en el lumen.

EN EL VERANO EL SOL APRETABA
y se oían las cigarras desde el chozo.

Las horas de calor,
su voluntad desértica,
eran muy parecidas
a la era que vendrá
tras la Tierra.

Tú decías que las cigarras
eran mentira.
Nadie las había visto.

Decías que, en realidad, eran el sol
infinito
crujiendo las piedras.

FUISTE APRENDIENDO LOS SIGNOS
donde leías al fantasma.

Las lenguas tienen su protocolo:
en ocasiones hay que usar ciertos gestos
o palabras, la sintaxis, guardar silencio.
Y también hay pensamientos
que mejor ni articular.

Hubo una edad en que por ti
las palabras lograron encenderse
como cristales.
El tiempo las enfrió y te moviste,
poco a poco,
de la materia al concepto.

Sí, las palabras son sábanas muy blancas
que cubren la aparición.
Cómo entenderla
si no es llevando la mirada lejos.

Deletrear nos ha distanciado del mundo,
pero no querer el retorno.

Sobre ti no hablo
del origen. Cuando
los signos me despiertan para que te escriba,
nazco.

ESA PIEDRECITA DE CUARZO,
la que recogiste un día mientras jugabas
en la zona de las marismas.

En ese lugar salen cristales a borbotones.
Conglomerados transparentes, pequeños
minerales.

El suelo del camino brilla
según la posición del sol.

De los bordes también recogías, a veces,
esa planta que sabe a pura sal
cuando te la llevas a la boca.

Tienes los labios resecos
en la postal sepia.

A VECES IMAGINABAS QUE ERAS EL SUEÑO
de una vaca
tratando de dar sentido
a la lejanía, al aislamiento,
al sonido ensimismado del mar.

Ser el sueño de una vaca
podría equivaler
a olvidar los ojos manchados
o, también, a la mayor violencia
sobre la imagen:
la voluntad de desaparecer.

TODOS LOS HERMANOS DORMIDOS
en la misma habitación y el vendaval
afilándose fuera.

La noche recorrida con los ojos cerrados:
árboles agitados, estrellas,
cencerros, grillos quietos.
Todo se oye y nos inmoviliza.

Es normal que este viento traiga nubes.

Seguro que se tambalean
las ramas donde duermen
las gallinas. Qué listas ahí subidas
por si viene el zorro.

La calma en lo oscuro no existe,
se escucha todo el crujir de lo sólido.

La naturaleza sonando en la noche
es el peor monstruo.

Cuánto se te parece la noche.

El pecho te silba en las ventanas.

(LO QUE DIJE ANTES:
hay signos que me despiertan
para que te escriba, ideas
que me abren de súbito
los ojos. No vivimos,
no dormimos, ni jugamos, ni comemos.

La historia es magia.

Somos un largo relámpago
en las palabras de otros)

(Quizá nunca existiese
la conciencia del ahogo
pero
qué lugar habitar
sin la conciencia del ahogo)

AQUEL BEBÉ TAN FLACO
y de mirada vacía
despertaba por las mañanas
con la lengua negra.

Dijeron que una bicha
le daba en la boca su cola
mientras robaba la leche de la madre.

Debía de ser la culebra que tu padre
quitó una vez de la ubre a una vaca.

Y recordabas como un sueño
las quejas de las bestias
en la noche.

Al tiempo el niño mejoró
y la bicha dejó de aparecer.
Su familia
prefirió nunca hablar de ello.

VEÍAS
las verdes almendras del almendro
casi flotando en el aire
como queriéndose ir
igual que niñas rebeldes.

El árbol decía *no* y las retenía
mirando por su supervivencia.
La razón es biología
aunque la biología no solo sea razón.
Pudo el *no* ser callado.

El sol de primeros de octubre
moría
como caía el higo de su árbol.
Qué luz le nombró entonces que estaba solo,
descomponiéndose en la huerta.

Caerse no es biológico.
Precipitarse, dejarse ir
para la almendra verde.

ALGUNOS JORNALEROS SE LIMPIABAN LA DENTADURA
con fango. La fricción de la tierra con el hueso
limaba la suciedad. Luego se enjuagaban
con mucha agua y se pasaban la lengua
por los dientes.
El desgaste los hacía,
cada vez, más sensibles al frío.

Quién piensa
en la dentadura que dejamos
a las calaveras.

EN OCTUBRE IBAN CAYENDO
los membrillos de la huerta grande.
No te gustaba su textura en la boca,
pero recogerlos y observarlos
eran formas de prolongar los restos
del verano.

Qué pasaría si no cayeran,
te preguntabas a menudo.

Qué si el ciclo se suspende.

UNA PERRA ORINABA SOBRE LOS PIMIENTOS
de la huerta pequeña.

Tus gritos no la asustaban.
Daba igual porque el mundo
estaba en orden.

La posibilidad del mar.
La luz del faro todas las noches.

Sin embargo, la paliza a tu padre
porque se escapó aquel mulo.
Había que mudarse al pueblo.
Tu amiga dándote una amapola
por si se te agotaba el rojo
del corazón.

(Veo la foto de un lugar
en el que nunca he estado pero
del que puedo reconocer casi todo:
un aljibe, el árbol de mandarinas,
la entrada al corral,
el suelo de piedra.

Sé por mi madre
muchas historias de este patio.
La nostalgia siempre viene
de un lugar imaginario
pero este dolor oblicuo
tiene otro sentido.

Las manos de la madre de mi madre
plantaron ese mandarino. Aunque la abuela
murió hace ya un tiempo
este mismo año alguien
fue a recoger los frutos.
Las semillas que colocó
llenan una vez al año
el frutero de mi casa.

Puede que la historia de los ancestros
sea una mandarina
que nunca se recoge.
No puede consumirse.

Hay otro árbol en el árbol cuya copa
se abre como las líneas de una mano.

En ese espacio
el tiempo es circular como un fruto)

DESEO SE TE APARECIÓ UN DÍA
tras la muerte de tu padre.
Te sobrecogió como un pequeño viento
que da frío bajo las sábanas.
Entró la intemperie entonces en tu vida:
deseo y temor eran lo mismo.
Como arrojar la mirada
a la oscuridad de un pozo.
Eso era.
Y también tú querías
dejarte ir.

(EL CIELO CAE
y se agota
pulsando la tierra por su tacto.

                    Ahora
me pregunto por el sentido
de una vida
que se agota en las páginas.
Si el sentido es
un ajuste personal con la realidad
todas mis páginas están mojadas
por la lluvia. Toda mi vida es
una farsa de precipitación.

Hay una mancha de luz en el cuarto,
una mancha que flota
sobre las palabras mojadas.
Y si la luz se derrama
sobre las páginas, también es
una especie de lluvia.

La alegría podría ser,
según muchos,
algo parecido a flotar,
sin derramarse,
sobre el idioma.
Sería entonces, letra a letra,
una tachadura sobre el sentido.

Tampoco, porque
es imposible tratar
de tacharlo)

Breve historia de los pozos

(uno)

Tu tío enloqueció
durante aquellos meses
en que cavaban el pozo
de su parcela.
Los vecinos le juzgaron.
Decía malas palabras a los suyos.

Recuerdo cuando desconocí
el canto de un pájaro
sabiendo qué especie era. Seguro
que voló lejos, muy lejos, para aprender
ese silbido extraño.

Un día, al recibiros, tu tío os llevó
hasta ese pozo abierto.
Lo que viste...

(dos)

Una vez me contaste
que estuviste allí cuando,
años más tarde,
una niña desconocida caía
por accidente
en el centro de aquel pozo.
Después de sacarla muerta,
lo tapiaron. Pero la familia era pobre
y no pudieron ponerle monedas
en los ojos.
             Por eso,
habitó este mundo muy cansada.
Una verde mandarina perenne.

Si la muerte es un cansancio
de tanto significar,
ella no murió.

La pobreza no da descanso.
El cansancio pesa más que el oro.

Nadie puede volver con ojos
de donde se va con monedas.
Cómo vamos los pobres,
qué nos colocamos en las cuencas.

(tres)

Los suicidas tenían sus ceremonias
y lugares predilectos.

Las mujeres se arrojaban
a los pozos, dejando
los zapatos arriba, en el filo,
como baliza para que encontraran
el cuerpo.

Los hombres se colgaban,
con el cinturón,
en las higueras que crecían
al margen de los senderos.
Allí los buscaban
al desaparecer.

Llamar a las cosas por el nombre
es hacerlas morir,
pero la muerte
también sabe nombrarnos
con sus signos.

SI LO DICES, ASÍ OCURRIÓ.

Fue el día en que sentiste
la intemperie en el peso
de lo real, la grasa de las cosas
como una segunda piel.

Fue en ese momento, así lo sientes,
de la noche a la mañana,
cuando las palabras secuestraron
tus ojos.

VIOLENCIA

SER NADIE
volviendo hacia atrás
no la historia sino los ojos
y decir.

HERVIDOS LOS OJOS, EL SUJETO
siempre
a la espera de algo
con el tembleque del aire
en las veletas.

Los voluntariosos frutos no tapan
una inquietud latente.

Parásito,
el miedo se posó un día en tu corazón
como en la pared del corral
aquel insecto extraño.

TODAVÍA PERSISTEN EN ESTOS LUGARES
los acebuches que aparecen al fondo
de la postal, su lenta transpiración
recogida en la humedad del aire,
su torcedura de hueso viejo,
el polvo del camino y los lagartos
huidizos entre las hojas secas.

Todo puede reducirse
a muy pocas cosas. Lo mínimo
no habita el tiempo.

El sol es visible
entre la bruma de la mañana.
Cierro los ojos
y es dentro un punto rojo
dilatándose
en el sueño.

EL ANIMAL ACECHANTE SUELE HACER
su aparición cuando se manifiesta
el miedo.

En qué secreto espacio
del instinto
se conocieron el miedo
y el hambre.

(NUNCA QUISE
haber nacido entonces. Si en lugar
de ver una postal estuviera allí,
no habría sentido el sol
dorando las pestañas y entornando los ojos,
las palabras usadas en voz baja
mientras la tensión de los cuerpos,
la brisa, el leve dejarse ir de las hojas
del árbol, las sombras que se alargan
como un secreto. No,
esto es solo lenguaje)

(Hacia dónde voy
cuando miro la postal.
Hacia dónde voy
cuando miro la postal.

Esta pregunta regresa
una y otra vez y todo lo que vivo
son escenas derivadas
de esa fotografía.

Ya todo es imagen.

También yo tengo la voluntad
de desaparecer)

VENGO A VECES AL PALOMAR EN RUINAS
que aguanta aún entre las dunas
de tu infancia.

Mi camino hacia aquí
no es una búsqueda genealógica.

Las imágenes nos enseñan
una vía para no volver
y soy Nadie
porque comparezco
                                        ante ellas.

Sí, el sol arranca el sonido
de alimañas.

Aquí ya no hay palomas
ni de piedra.

Las imágenes no tienen
etimología.

Si me esforzara en escuchar
fantasmas
el lenguaje completaría
lejanas reminiscencias de un sueño,
pero ante los ojos
esta hermosa desolación.

HISTORIA

CUANDO ME INTENTASTE
contar
aquellos años,
una palabra se te encajó
en la garganta
como una espina.

Si el fantasma viene
de muy dentro de la memoria,
es difícil cubrirlo
de expresión.

Dime de qué forma, entonces,
sé todo.

MI MADRE TIENE MIEDO A LOS RELÁMPAGOS.
El patio encendido súbitamente
da una luz que marca con plomo
las ventanas.
No se puede tener miedo a esto.
Mi madre querría huir de las imágenes
y lo que teme es no saber rechazar
la posibilidad de la belleza
y la desaparición.

Planto de una niña por la muerte de Deseo

(uno)

Ahora ya los ojos miran
hacia adentro, y al adentro
has llegado al cambiarse,
inesperadamente, el cauce
de la corriente que iba a tu paso.

Allí quien vestía unas ropas
ya las vestirá siempre. Quien
tenía el mal de trincheras
jamás saldrá de la guerra.

El cansancio ha extenuado
tu cuerpo hasta el resto.

(dos)

(Quien miraba sus propios ojos
ya jamás accederá a los misterios.

Soy Nadie cuando regreso,
cuando miro amarillo las fotos
de mi familia)

(tres)

(Recuerdo un relato que me contaste:
aquella vez que escapaste a campo abierto,
de pequeña, con tus amigas.
Ya lejos de casa comenzó a llover.
Llovía muchísimo y tú, de repente,
te sentiste en la intemperie
bajo aquella agua caída
como una enorme interrogación.
Tus amigas
se refugiaron bajo un árbol
y esperaron. Tú corriste
de vuelta a casa
con la lluvia
claveteando tu frente
igual que insiste, digo,
una pregunta.

Las dudas no resueltas
ya siempre te acompañaron)

(cuatro)

Deseo, el arroyo aceptó a la piedra
como te ha aceptado a ti. Al nuevo cauce
del tiempo solo se accede
cuando tus ojos miran hacia adentro.

Nadie sabe por dónde
estará pasando esa corriente,
pero a veces vemos
la huella de tu mano fantasmal
en el cristal del balcón abierto.

La familia no se pronuncia,
                              sin embargo,
los días son tachaduras sobre ti. Aunque
no hayas muerto, aunque
solo haya cambiado el cauce
del tiempo a tu paso.

No puede engañarte la luz, error
de la conciencia.

Son bellas las patitas fugaces
de los pájaros en la orilla. El terreno
preparado para la siembra, dispuesto de más
como el final del verano.
Tu sombra al ocaso dices
era tan grande sobre él.

No puede engañarte. Prefieres
la oscuridad total al irte a la cama.

La memoria de la luz es un recurso
de la violencia, golpes
que tampoco te dejan dormir.

(Post Scriptum) Deseo lee su testamento

(uno)

Qué cosa hay más cruel
que la lógica. A los míos les dejo
una grieta por la que arrojarla.

La naturaleza no miente
pero todas las frutas son de temporada.

Decías
que se sembraba en marzo
para comer en septiembre.
Pero qué si ocurre algo
contra todo pronóstico.
Cuando el hambre es
el sustento de la lógica,
la vida es una tachadura
sobre los ciclos.

Cuando el hambre es
el sustento de la lógica,
hay una justicia en todo
lo que va contra ella.

(dos)

Ahora habito otro cauce
de tiempo, aunque
algún día regresaré.

Seré Nadie
con las manos llenas
de hojas duras y pétalos
de todos los colores
para enseñárselas
a quienes digan
que ya acabó
la primavera.

TU VIAJE HA SIDO
una quieta peregrinación
por los años,
miles de kilómetros
en la traslación de la Tierra,

buscando, viendo a través de palabras,
y no has podido encontrar
tus ojos de niña.

(SE OCULTAN Y SALEN EL SOL
y la Luna, pero los ciclos
lo van comprimiendo todo
como una bola de papel arrugado.
Qué puede, entonces,
celebrarse.

Hablar no sirve de nada.
A los desconsolados, quizá.
Cierro los ojos muy fuerte
y observo cosas invisibles.

Yo prefiero decir:
*El recuerdo es pasado y no lo es
porque huele a sueño.*)

ÍNDICE

HISTORIA

Este libro se terminó de imprimir
en noviembre de 2024

RIL® editores • España

europa@rileditores.com

Se utilizó tecnología de última generación que reduce
el impacto medioambiental, pues ocupa estrictamente el
papel necesario para su producción, y se aplicaron altos
estándares para la gestión y reciclaje de desechos en
toda la cadena de producción.